RELIGION EN ACTION

RÉPERTOIRE DE LA JEUNESSE.

EUSTACHE

MARTYR

DRAME EN TROIS ACTES

PAR

M. L'ABBÉ ESTÈVE

AUMONIER DU LYCÉE DE POITIERS, OFFICIER DE L'INSTRUCTION
PUBLIQUE, CHEVALIER DE LA LÉGION D'HONNEUR.

PREMIÈRE SÉRIE.

SECONDE ÉDITION

POITIERS

HENRI OUDIN, LIBRAIRE-ÉDITEUR,

RUE DE L'ÉPERON, 4.

1867

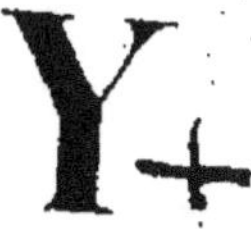

AVIS DE L'ÉDITEUR.

Pour être essentiellement morales et religieuses, les pièces que nous publions n'en offrent pas moins une lecture aussi attrayante qu'elle est instructive.

Le plus grand soin ayant présidé au choix des sujets et à l'ordonnance des rôles, les drames, pastorales, etc., peuvent être joués dans les maisons d'éducation où l'on a conservé l'usage de ces sortes d'exercice.

Nous les croyons éminemment propres à rehausser l'intérêt qui s'attache aux solennités scolaires. Désireux de joindre autant que possible l'utile à l'agréable, *utile dulci*, comme dit l'adage antique, l'auteur s'est principalement inspiré des modèles si chers à la jeunesse : FÉNELON et RACINE.

OBSERVATION. — Quant à la plupart des couplets répandus dans les diverses pièces, on peut, à défaut du chant, se borner à les réciter.

EUSTACHE

MARTYR

DRAME EN TROIS ACTES

PAR

M. L'ABBÉ ESTÈVE

AUMONIER DU LYCÉE DE POITIERS, OFFICIER DE L'INSTRUCTION
PUBLIQUE, CHEVALIER DE LA LÉGION D'HONNEUR.

POITIERS

HENRI OUDIN, LIBRAIRE-ÉDITEUR,

RUE DE L'ÉPERON, 4.

1867.

PERSONNAGES.

—

ADRIEN, Empereur romain.

EUSTACHE, vainqueur de la Dacie.

MARCELLUS, père d'Eustache.

AGAPE
THÉOPISTE, } Officiers Daces, prisonniers des Romains.

PROCULUS, ministre et favori de l'Empereur.

GERMANICUS, l'un des grands de la cour.

MAXIME, officier du palais.

Licteurs et soldats romains.

La scène est à Rome, dans le palais de l'Empereur.

PROLOGUE.

Eustache souffrit le martyre vers le temps de l'Empereur Adrien, environ 130 ans après Jésus-Christ.

D'anciennes traditions portent qu'après avoir rendu de grands services à l'Empire, Eustache, comme plus tard Bélisaire et tant d'autres, ne rencontra qu'une jalouse ingratitude, et qu'il fut condamné à l'exil, où il perdit sa fortune, son épouse et ses enfants.

Placé de nouveau à la tête des armées romaines, il défit complétement les barbares; mais ayant refusé d'aller au Capitole pour y rendre aux dieux des actions de grâces, il fut arrêté par ordre de l'Empereur; condamné à mort, il subit le martyre avec la même intrépidité qu'il avait montrée sur les champs de bataille.

Ses enfants, qu'il avait eu le bonheur de retrouver, après les avoir crus morts avec leur mère, souffrirent avec lui, et furent les imitateurs de son courage comme ils l'étaient déjà de sa foi religieuse.

Le travail qu'on va lire ne change rien à ces données traditionnelles; du reste, il n'est pas possible d'en trouver de plus touchantes, de plus dramatiques.

On a fidèlement conservé à l'Empereur Adrien le caractère que l'histoire lui donne, et qui était un mélange de générosité et de faiblesse, de vice et de vertu : il versa le sang des chrétiens par politique plutôt que par penchant.

Le but a été d'offrir dans *Eustache* comme un résumé de cette lutte héroïque de la vérité *une et pure*

contre les erreurs aux mille formes qui s'étaient concentrées dans Rome païenne. Cette lutte, qui, dans sa
plus grande généralité, dura environ trois siècles, après
lesquels le Christianisme triomphant s'assit sur le trône
des Césars, montra que toutes les forces réunies de la
politique et de la barbarie, appuyées quelquefois sur le
prestige d'une science prétendue et d'un vain raisonnement, ne sauraient prévaloir contre celui qui permet à
l'Océan de se déchaîner, mais sans franchir les limites
que lui fixa le doigt providentiel.

Au point de vue où l'on s'est placé dans la composition
de cette pièce, *Eustache*, c'est pour ainsi dire la synthèse ou coup-d'œil d'ensemble de la grande ère militante du Christianisme : drame universel, dont les principaux personnages se trouvaient à Rome, mais dont
l'action si vaste embrassait le monde entier. Rien ne
saurait être au-dessus de l'importance et de la grandeur
des questions qui furent alors soulevées et résolues,
comme toujours, dans ces temps reculés, par l'effusion
d'un sang généreux; ce qui, comme il arrive d'ordinaire, féconda l'avenir et le rapprocha, au lieu de
l'étouffer ou de l'arriérer.

(Après Jésus-Christ, 130).

EUSTACHE

MARTYR.

ACTE PREMIER.

SCÈNE PREMIÈRE.

ADRIEN, EUSTACHE ; AGAPE ET THÉOPISTE
enchaînés, GARDES, SOLDATS, CAPTIFS.

ADRIEN à *Eustache*.

Illustre défenseur du trône des Césars,
Ta valeur a sur toi fixé tous les regards ;
Déjà de tes exploits Rome entière est instruite ;
Nos ennemis lassés, battus et mis en fuite,
Ont perdu pour jamais tout espoir criminel
De dérober leur tête au joug universel.
Mais qu'il me sera doux d'apprendre de ta bouche
Les désastres fameux de ce peuple farouche !

EUSTACHE.

Rome est victorieuse... et d'un nouvel éclat
L'étoile des Césars a décoré l'État !
Le Dace, refoulé dans ses forêts sauvages,
Voit nos drapeaux vainqueurs flotter sur les rivages
Du Danube orgueilleux de couler sous nos lois ;
Ces boucliers, ces dards, ces dépouilles de rois,
Ces captifs éplorés attestent la vaillance
Des guerriers qui de Rome ont servi la vengeance ;

Et ces guerriers seront au comble de leurs vœux
S'ils savent qu'aujourd'hui César est content d'eux !

ADRIEN.

César leur applaudit , César les remercie ,
Et ma voix est ici l'écho de la patrie ;
Mais je sais, avant tout, admirer le héros
Dont la main dirigea tant de nobles travaux.
Nos aigles à ta voix ont ressaisi la foudre ,
Au bruit de leur essor tout fuit ou tombe en poudre.
Eustache a signalé le règne d'Adrien ,
Il a fait son devoir ; je veux faire le mien.
Le triomphe sera le prix de ton courage ,
Ton mérite est encore au-dessus d'un hommage
Que je voudrais grandir.......

EUSTACHE.

                        Ah ! plutôt permettez ,
Si mes faibles exploits m'ont acquis vos bontés ,
Que j'ose de mon prince implorer la clémence

(*Montrant Agape et Théopiste.*)

Pour ces jeunes captifs , prodiges de vaillance :
Les coups les plus hardis ont signalé leur bras,
Et des ruisseaux de sang ont coulé sous leurs pas ;
Nos soldats les ont vus tout bouillants de courage
Au fort de la mêlée échauffer le carnage ,
Tenir assez longtemps nos succès incertains,
Et par leurs traits d'audace étonner des Romains !
Adoucissez le sort de ces deux nobles frères ;
Ils ne sont pas, seigneur, des ennemis vulgaires.

ADRIEN.

Le courage a des droits que je sais respecter :
Honte au bras qui mollit et se rend sans luttter !
Gloire à qui, frémissant d'une attente trompée,
Du cercle meurtrier que décrit son épée
Sait se faire un rempart redoutable aux vainqueurs.
Vous êtes des héros, comptez sur mes faveurs.
Eustache vous protége, et l'empereur l'approuve :
Ce qui bat dans son cœur dans le mien se retrouve,
Les vœux qu'il fait pour vous seront tous satisfaits.

THÉOPISTE.

Gardez, seigneur, gardez pour d'autres vos bien-
[faits ;
Vous fîtes trop de mal à ma belle patrie
Pour qu'un de ses enfants vous pardonne et l'oublie.
Les Daces, ô Romains, pourraient vous estimer,
Mais les Daces jamais ne sauront vous aimer !

ADRIEN.

Et moi je veux prouver que Rome est magnanime,
Je veux gagner vos cœurs et forcer votre estime ;
J'ordonne qu'à l'instant on brise vos liens,
César donne à tous deux les droits de citoyens !

EUSTACHE.

Connaissez à ces traits le chef de notre empire !
   (*Marques d'approbation : les bras se lèvent, les armes
s'agitent.*)

MAXIME.

Le Romain applaudit et l'étranger admire...

ADRIEN.

Que partout du triomphe on fasse les apprêts ;
Je veux que les honneurs égalent les succès.
Pour vous, jeunes guerriers, mon palais est le vôtre ;
Voilà votre prison, vous n'en aurez point d'autre.

AGAPE.

Souffrez, grand empereur, qu'embrassant vos ge-
[noux,..

ADRIEN.

Soyez libres, allez. Soldats, retirez-vous ;
Qu'Eustache reste seul.

SCÉNE II.

ADRIEN, EUSTACHE.

ADRIEN.

                        Cette pompe éclatante
Qui va briller aux yeux de Rome impatiente,
Ces apprêts solennels ; Eustache, sont pour toi.
Je veux que sur un char, assis auprès de moi,
Tu viennes rendre hommage aux dieux de la patrie
Aux dieux qui t'ont rendu vainqueur de la Dacie.

EUSTACHE (*troublé*).

Les dieux... Le triomphe et...

ADRIEN (*interrompant*).

                        Oui, je sais qu'il t'est dû :
A l'appel des Romains, Eustache a répondu,
Son bras sous nos drapeaux a fixé la victoire ;
César serait ingrat s'il négligeait sa gloire !

EUSTACHE.

Seigneur, épargnez-moi ce triomphe onéreux.
Eustache désormais bornerait tous ses vœux
Au tranquille repos qu'offre la solitude,
Au soin de vivre en sage, au plaisir de l'étude.
Puis il est un vieillard de mon cœur vénéré,
Mon père... dont je fus si longtemps séparé ;
Je tarde à le revoir, il faut que ma tendresse
Endorme ses douleurs, ranime sa vieillesse.

ADRIEN.

Ton zèle filial, Eustache, aura son tour,
Mais à la gloire encore il faut donner un jour !

EUSTACHE.

Seigneur, vous connaissez les malheurs de ma vie ;
Un semblable triomphe, autrefois de l'envie
Aiguisa tous les traits, et, malgré l'empereur,
J'expiai le forfait d'avoir été vainqueur !
Suivi de deux enfants, d'une épouse chérie,
Il me fallut quitter mes foyers, ma patrie,
Et bientôt, ô douleur, ô regrets déchirants !
Cette épouse adorée et mes jeunes enfants,
Au sein des flots amers jetés par la tempête,
Mirent le comble aux maux qui pesaient sur ma tête.
Depuis ce triste jour si fatal à mon cœur,
Je vivais au désert, en proie à ma douleur,
Quand vos ordres pressés me rendant ma patrie,
Me chargèrent du soin de punir la Dacie ;
Le ciel a couronné les efforts des Romains.
Pour prix de mon ardeur à servir vos desseins

Sauvez-moi des honneurs que l'on voudrait me
[rendre.

ADRIEN.

Cette horreur du triomphe a droit de me surprendre;
Mais l'envie est sans force à la cour d'Adrien.
Va, marche au Capitole, Eustache, et ne crains rien.

EUSTACHE.

Non , seigneur, je ne puis.

ADRIEN.

Quel est donc ce mystère?
Au reste j'ai besoin de consulter ton père,
Je l'ai fait appeler, j'ai devancé tes vœux.

EUSTACHE.

Je reconnais bien là votre cœur généreux !

ADRIEN.

Bien des motifs me font hâter cette entrevue.

EUSTACHE.

Seigneur, que je jouisse au plus tôt de sa vue !

SCÈNE III.

LES MÊMES, MARCELLUS.

ADRIEN.

Approche de ton prince, ô fortuné vieillard :
Ton fils te donne droit aux faveurs de César,
Son bras vient d'assurer à Rome la victoire ;
Ton front doit refléter les rayons de sa gloire !

MARCELLUS.

Eh ! que pourrais-je encor désirer, du moment
Que Rome est triomphante et l'empereur content ?

EUSTACHE.

Grand Dieu, soyez béni de me rendre à mon père,
Au seul objet encor qui m'attache à la terre !

MARCELLUS.

Que ce père te presse, Eustache, sur son cœur.

(*Ils s'embrassent.*)

ADRIEN.

La pourpre n'a jamais donné tant de bonheur.

MARCELLUS.

Ton exil me rendit l'existence importune,
Longtemps je fus en butte aux traits de l'infortune ;
Mais le soir de mes jours m'apparaît plus serein :
Un rayon de bonheur embellit leur déclin,
Le ciel me réservait au bout de ma carrière
L'un des plus vifs plaisirs que peut goûter un père ;
Il ne manque, ô mon fils, à ces épanchements
Que ton aimable épouse et nos jeunes enfants !

EUSTACHE.

Cette terre n'est pas notre unique patrie.

MARCELLUS.

Je sais que tu nourris l'espoir d'une autre vie !

ADRIEN.

Content de ses exploits, je désire, je veux
Qu'il se prête aux honneurs d'un triomphe pompeux.

MARCELLUS.

César grandit encor par cette récompense.

ADRIEN.

Mais ton fils s'y refuse, et son refus m'offense !

EUSTACHE.

Seigneur, ordonnez-moi d'affronter les hasards
D'aller où vous voudréz, planter vos étendards ;
Quel que soit le péril, mon glaive est prêt, j'y vole.

ADRIEN.

Pourquoi donc refuser d'aller au Capitole ?

EUSTACHE.

Seigneur, je ne le puis.

ADRIEN.

       Je vous laisse tous deux.
Songez qu'un tel refus peut être dangereux,
Et s'il ne cesse enfin, j'aurai le droit de croire
Qu'il n'a point été fait par mépris pour la gloire.

(A Marcellus.)

Parlez à votre fils, tâchez de le fléchir ;
Aux honneurs qu'on lui doit, puisse-t-il consentir !

(Adrien se retire.)

SCÈNE IV.

EUSTACHE, MARCELLUS.

MARCELLUS.

Eustache, quel est donc le motif qui t'arrête ?
Pourquoi te refuser aux honneurs qu'on t'apprête ?

EUSTACHE.

Si j'obéis, mon père, il faudra qu'à l'autel
Ma main fasse fumer un encens criminel.
Quand on adore un Dieu, faut-il qu'on le trahisse?

MARCELLUS.

Est-ce trahir ton Dieu qu'offrir un sacrifice?

EUSTACHE.

Le Dieu qu'Eustache adore a droit d'être jaloux
Qu'en sa présence seule on courbe les genoux ;
Encenser Jupiter serait lui faire outrage,
Et ce Dieu, quand on l'aime, on l'aime sans partage;
Des peuples et des rois il est maître absolu,
C'est par lui qu'à César l'empire est dévolu !
Il est seul tout-puissant, sa grandeur infinie
Accable de son poids l'insensé qui la nie;
Son bras soutient le monde et balance les mers;
Pour lui ce fut un jeu de créer l'univers!
Il dit, et le soleil, commençant sa carrière,
Inonda les humains des flots de sa lumière.
Sa main creusa l'abîme et lui donna des lois ;
Il parla, tout naquit et reconnut sa voix !
Voilà le seul vrai Dieu que j'aime et que j'adore,
Dont le nom est écrit des bords où naît l'aurore,
A ceux où l'astre-roi semble éteindre ses feux ;
Et qu'annonce un ruisseau comme un torrent fou-
[gueux.
Ce Dieu, soutien du pauvre, est l'appui de la veuve;
Et quand il met le juste à quelque rude épreuve,

Ce n'est point de sa part oubli ni cruauté,
Mais il le fait mûrir pour l'immortalité !

MARCELLUS.

Pour n'adorer que lui faut-il qu'on sacrifie
Honneurs, amis, parents ?

EUSTACHE.

Tout , et jusqu'à sa vie !

MARCELLUS.

Eustache, qu'as-tu dit ! Ah ! je prévois le sort
Qu'on réserve à mon fils !

EUSTACHE.

Je ne crains pas la mort.

MARCELLUS.

Mais tu dois craindre au moins le désespoir d'un père !
Ne crois pas que mes yeux souffriraient la lumière
Si tu ne vivais pas. Au nom des sentiments
Que doivent t'inspirer, mon fils, ces cheveux blancs,
Ne va point en mourant m'ouvrir aussi la tombe ;
Attends qu'au sort commun ton vieux père succombe :
Il n'a plus à briser que de faibles liens ;
Mon fils, ne me fais pas survivre à tous les miens.
Le malheur fatigua ma trop longue existence.
Hélas! vingt ans entiers j'ai pleuré ton absence.
Tu revins. Tu m'appris ce naufrage odieux,
Et le triple malheur qui nous brisait tous deux ;
Dans les flots engloutis , et les fils et la mère
M'avaient déjà rendu la coupe trop amère ;
Je vivais cependant pour soulager ton cœur ;
Aujourd'hui même encor te revoyant vainqueur,

Ton aspect a soudain ranimé ma vieillesse.
Qu'il me faut payer cher cette courte allégresse !
Que je suis malheureux ! que triste est mon destin ;
Pour attendrir un fils mes pleurs coulent en vain !

EUSTACHE.

Et voilà les douceurs qui suivent la victoire !
Que n'ai-je succombé dans les champs de la gloire !
De ce nouveau combat sortirai-je vainqueur ?
Dieu puissant, faites-moi triompher de mon cœur !

MARCELLUS.

Offrir un peu d'encens aux dieux de la patrie,
Est-ce un forfait qui doit piquer la jalousie
De ton Dieu si clément et si juste et si bon ?
Est-ce un crime à ses yeux indigne de pardon !
Aux nôtres les chrétiens ont reproché des crimes...
Et le tien veut du sang, il choisit pour victimes
Des mortels vertueux qui pratiquent sa loi ;
Quel est donc ce tyran qui possède ta foi ?
Jupiter n'a jamais exigé pour hommage
Qu'à tous les autres dieux on prodiguât l'outrage.

EUSTACHE.

Jupiter, dites-vous, mais vous n'y croyez pas ;
Que dis-je ? son nom seul du peuple le plus bas
Provoque à chaque instant l'incrédule sourire :
Où sont donc les vertus et l'espoir qu'il inspire ?
Non, Jupiter n'a pas promis à ses héros
Cette immortalité qui paîra mes travaux ;
Mon Dieu sera lui-même un jour ma récompense,

Tout autre est sourd aux vœux du mortel qui l'en-
                                                    [cense,
Tout autre n'est qu'un dieu par le crime inventé
Pour se soustraire aux coups du juge redouté
Qui tonne dans le fond de notre conscience,
Le premier tribunal où s'assied sa vengeance ;
Non, Jupiter n'est rien ; l'homme coupable eut peur,
Il se fit donc un dieu criminel, corrupteur,
Pardonnant les forfaits qu'il commettait lui-même !
Mon père, est-ce donc là le Dieu juste, suprême
Qu'invoque le malheur du monde abandonné,
Et qui punit l'orgueil du vice couronné ?
Effroi de l'oppresseur, des justes l'espérance,
Le Christ a du plus pauvre ennobli l'existence,
Il enseigne quel prix attend l'humble vertu ;
Qu'on n'est pas couronné sans avoir combattu ;
Que les hommes sont nés de la même poussière ;
Du plus fier potentat que l'esclave est le frère !
Il m'apprend qu'à ses yeux les hommes sont égaux;
Que nul titre pour lui n'efface leurs défauts ;
Sa voix douce instruisait la vieillesse et l'enfance,
Parlant aux uns du ciel, aux autres d'innocence !
Mais il prêchait surtout la tendre charité...!

MARCELLUS.

Mon fils, de tes discours mon cœur est enchanté,
Et moi-même à ce Dieu j'offrirais mes hommages
S'il ne mettait en butte aux plus cruels orages
Un fils, mon seul espoir et qui par les Romains
A fait de Marcellus envier les destins!

Oh ! s'il fallait jamais qu'une tête si chère...
Pourras-tu résister aux larmes de ton père ?
Oui, souscrire à mes vœux est aussi ton devoir ;
Epargne, cher Eustache, épargne au désespoir
Les résultats affreux que souvent il enfante ;
Accorde quelque chose à ma prière ardente.

EUSTACHE.

O rigoureux combat !

MARCELLUS.

        Mon fils , je vois tes pleurs :
Viendraient-ils m'annoncer le plus grand des bon-
                  [heurs ?
Sont-ils de fortunés ou de sombres présages ?
Que dois-je en augurer? Ecarte les nuages
Qui sur ton front pensif ont imprimé l'horreur.
Eustache, il faut céder à la vôix de ton cœur !
Toujours aux vœux d'un père un bon fils doit souscrire.

EUSTACHE.

Il est vrai que sur moi le cœur a trop d'empire ;
Que j'ai naguère encor, docile à son pouvoir,
Sur ce coupable autel immolé mon devoir !
Je songeais à mon père, et mon lâche silence
A l'aspect de César a trahi ma croyance.
Oui, mon devoir était au premier entretien
D'avouer sans détour qu'Eustache était chrétien !

MARCELLUS.

Serais-tu donc fâché de respirer encore ?

EUSTACHE.

Ah! si vous connaissiez le Dieu qu'Eustache adore...!

1*

(*A part.*)

Il faut que ce bonheur soit un fruit de ma mort!

MARCELLUS.

Ciel! que dois-je augurer de ce soudain transpor ?

EUSTACHE.

Mon père, c'en est fait : je vais au Capitole,
Non pour sacrifier, mais pour briser l'idole
Qui reçut trop longtemps un encens criminel ;
Fouler aux pieds l'offrande et renverser l'autel !
Trop heureux si je puis, par ce trait de courage,
Expier ma faiblesse et mon lâche langage,
En prouvant qu'un chrétien...

MARCELLUS.

                    Va, cours, vole, cruel :
C'est assez insulter à mon cœur paternel.
Puisque tu veux ma mort, je vais te satisfaire ;
Mais tu te souviendras que dans le sein d'un père
Ta parricide main a plongé le poignard !

EUSTACHE.

Ah! mon père, arrêtez...

MARCELLUS.

                    Non, non, point de retard,
Au plus ingrat des fils ne soyons plus à charge ;
Du poids de mes chagrins que la mort me décharge.
On rentre dans la nuit quand le jour fait horreur !

EUSTACHE.

Que de sensibles coups vous portez à mon cœur !

MARCELLUS.

Ce cœur m'aime-t-il?

EUSTACHE.

Oui, de l'amour le plus tendre...

MARCELLUS.

Pourquoi donc ces fureurs que je ne puis comprendre?
Mais ton Dieu, quel qu'il soit, du moins n'exige pas
Qu'on coure de soi-même au-devant du trépas.
Faut-il pour l'honorer que tout chrétien périsse?
Attends l'ordre précis du cruel sacrifice;
Eustache, ne sois pas si pressé de mourir;
Taire tes sentiments ce n'est pas les trahir;
Que je puisse employer un moyen qui me reste
De te faire éviter ce triomphe funeste
Dont l'éclat ferait place aux ombres du trépas!

EUSTACHE.

César est inflexible, et vous n'obtiendrez pas
Qu'il change le dessein qui cause vos alarmes.

MARCELLUS.

Peut-être que mes cris, ma vieillesse, mes larmes
Agissant sur son cœur le pourront attendrir;
Je vais tout essayer pour le vaincre ou mourir !

(Il sort.)

SCÈNE V.

EUSTACHE (*seul.*)

Quels vœux dois-je former ? Qu'il triomphe ou suc-
[combe ?
Si César le repousse, il lui creuse sa tombe;

Il n'y pourra survivre et je verrai demain
Son cadavre sanglant rouler sur mon chemin !
Mais si l'Empereur cède, adieu, bonheur suprême,
Couronne des martyrs, immortel diadème
Que les anges tressaient pour mon front radieux !
Grand Dieu, qui vois d'Eustache et la crainte et les
                                        [vœux,
Entends la voix d'un fils : pour un père il t'implore.
Que Marcellus obtienne... ou plutôt qu'il t'adore.
Si la mort me devait mériter le bonheur
De payer sa tendresse en te gagnant son cœur !
Que je trouverais doux le sanglant sacrifice !
Que mes pieds seraient prompts pour voler au sup-
Fais briller à ses yeux le flambeau de la foi. [plice !
Qu'il incline son front sous le joug de ta loi :
Et tous deux réunis nous quitterons nos tombes
Pour aller joindre au ciel ces trois blanches colom-
                                        [bes ,
Ces objets précieux d'un tendre et chaste amour
Que le ciel enviait au terrestre séjour !
Oh ! qu'il nous soit donné d'ouvrir aussi nos ailes,
Puis de les refermer, au sein de Dieu, près d'elles !

ACTE DEUXIÈME.

SCÈNE PREMIÈRE.

AGAPE , THÉOPISTE.

AGAPE.

Que peut donc nous vouloir, mon frère, ce Romain
Dont le cœur me paraît et si noble et si plein
Du plus tendre intérêt qu'inspire l'infortune?

THÉOPISTE.

Je ne sais : cependant un doute m'importune ;
Si j'en crois des propos que j'ai pu recueillir,
Le jour, d'abord si beau, menace de pâlir,
Ce rendez-vous si prompt que nous donne Maxime
Doit être motivé par ces bruits que j'estime
Fondés sur un péril qu'il croit apercevoir ;
Au reste, le voici : nous allons tout savoir.

SCÈNE II.

LES MÊMES , MAXIME.

MAXIME.

Je viens vous signaler l'approche d'un orage...
Vous n'en craignez aucun, je sais votre courage ;
Cependant, permettez,— prudence n'est pas peur,—
Que j'épanche, un moment, dans le vôtre mon cœur :
Tout brave est fils de Rome, et des vertus si rares
Vous égalent à ceux qui vous nommaient barbares ;

Frère, ami, je devais chercher à prévenir
Les suites d'un danger que vous allez courir.
Vous ignorez sans doute encor ce qui se passe
A la cour d'Adrien? Je crains que la disgrâce
Qui va frapper Eustache et flétrir ses lauriers
Ne compromette aussi les illustres guerriers
Dont il brisa les fers, en dépit de l'usage
Qui réserve aux captifs la mort ou l'esclavage.

AGAPE.

Eustache ne serait déjà plus en faveur!...
Et qu'aurait-il donc fait pour blesser l'Empereur?

MAXIME.

Son élévation cause son infortune :
A la cour des Césars cette chute est commune.

THÉOPISTE.

Et voilà donc le prix par l'ingrat destiné
Au vainqueur que d'abord il avait couronné!

MAXIME.

C'est un tort; mais Eustache a provoqué lui-même
La perte des fleurons qu'à son beau diadème
César reconnaissant désirait d'ajouter;
Un caprice soudain l'empêche d'accepter
Les honneurs qu'on lui doit : les efforts de son père,
La voix de ses amis leurs conseils, leur colère,
Ont vainement pressé ce général fameux
De marcher en triomphe au temple de nos dieux!
Ce mystère déjà ne l'est plus pour personne :
Et c'est avec raison que chacun le soupçonne

De chérir les erreurs qui troublent les esprits,
Et dont tant de Romains nous paraissent épris.

AGAPE.

Vous le croyez chrétien ?

MAXIME.

Comment ne pas le croire
En le voyant ainsi sacrifier sa gloire
A la haine qu'il a pour le grand Jupiter ?

THÉOPISTE (*à part*).

Ah ! que ce nouveau trait à nos cœurs le rend cher !

MAXIME.

L'Empereur l'a mandé pour essayer encore
De lui faire agréer les honneurs qu'il abhorre.

THÉOPISTE.

Eustache a trop de cœur pour se laisser gagner !

MAXIME.

J'ai cru que je devais un moment m'éloigner,
Et dans votre intérêt sur ce point vous instruire ;
C'est à vous maintenant de savoir vous conduire
Et jouir malgré tout de l'insigne faveur
Qu'Eustache vous obtint auprès de l'Empereur.

AGAPE.

Nos devoirs sont tracés, nous y serons fidèles.

(*Maxime se retire*).

SCÈNE III.

AGAPE, THÉOPISTE.

AGAPE.

Nous devons rendre à Dieu des grâces immortelles

En voyant de la foi les rapides progrès,
Puisqu'il est des chrétiens jusque dans ce palais.

THÉOPISTE.

Tu sais que des erreurs chassant la nuit profonde,
Son flambeau radieux doit éclairer le monde!

AGAPE.

Eustache est notre frère, et dans un tel danger
Le devoir des chrétiens est de s'encourager;
Il faut que nous allions l'animer au martyre,
Ou plutôt à lutter nous-mêmes nous instruire.
Courons le prévenir que nous sommes chrétiens
Et que nous désirons partager ses liens,
Si César en fureur commande qu'on l'arrête;
Mais le voici : le ciel à nos désirs se prête.

SCÈNE IV.

AGAPE, THÉOPISTE, EUSTACHE.

AGAPE.

Tous deux nous désirons te voir, t'entretenir,
Eustache, et nous voulons sans retard applaudir
Au refus que tu fais d'aller au Capitole
Pour ne pas incliner ton front devant l'idole.
Tu ne pouvais rester à la cour d'Adrien,
Et tes vertus déjà trahissaient un chrétien.
L'éternité vaut mieux qu'un triomphe éphémère;
En te disant chrétien tu deviens notre frère.
Non, tu n'espérais pas, illustre général,
Enchaîner les vaincus à ton char triomphal

Et nourrir ton orgueil de leur ignominie,
Quand sur le champ d'honneur tu respectais leur vie,
Déconcertant les vœux d'un noble désespoir,
Ta conduite aujourd'hui nous a fait concevoir,
Qu'un tout autre motif agitait ta grande âme,
Et tu brûlais alors de cette belle flamme
Que parmi les chrétiens nous nommons charité.

EUSTACHE.

Tout m'en fit un devoir, l'honneur, l'humanité
Dont un chrétien surtout doit connaître l'usage ;
L'estime qu'un Romain a pour le vrai courage,
Et de plus je ne sais quels secrets sentiments
Dont toujours votre aspect agite tous mes sens.
Sans doute, mes amis, l'auguste Providence
Nous destinait tous trois au combat qui s'avance.

THÉOPISTE.

A quel combat, Seigneur ?

EUSTACHE.

C'est aux yeux d'Adrien
Un sûr titre de mort que celui de chrétien,
Et pourtant à l'autel des dieux de la patrie
Il veut que dès demain Eustache sacrifie ;
Vous savez mes refus, vous savez ses efforts !

THÉOPISTE.

Plutôt que de céder on souffre mille morts !

EUSTACHE.

Que j'aime à voir en vous ces élans de courage
Dont peut-être bientôt il faudra faire usage !

2

AGAPE.

Vrai Dieu, fais que mon sang pour toi soit répandu !

THÉOPISTE.

A ce brusque revers qui se fût attendu ?
Mais à tous les tourments notre âme est aguerrie :
On peut braver l'enfer quand le ciel fortifie !

AGAPE.

Eustache, qu'on est fort pour vaincre la douleur,
Quand l'âme se retrempe aux sources du Sauveur !

EUSTACHE.

Chrétiens, éloignez-vous, Germanicus s'avance ;
Mais contre ses conseils j'ai pris parti d'avance,
Et ses sophismes vains ne me gagneront pas.

(Ils sortent).

SCÈNE V.

EUSTACHE, GERMANICUS.

GERMANICUS.

Des intérêts sacrés guident ici mes pas ;
Ce qu'on t'a dit déjà je viens te le redire :
Eustache est nécessaire au salut de l'empire,
Et son bras lui vaut mieux que les plus grands tré-
[sors ;
Ta présence partout excite les transports.
Le bruit de tes exploits enchanta l'Italie !

Sur de sanglants lauriers la victoire endormie
Faisait aux cœurs romains désirer son réveil ;
Mais la voix du génie a rompu son sommeil ;
Elle a paru soudain, docile à ton langage
Qui lui sembla l'appel du vainqueur de Carthage
Elle a repris son vol lorsqu'Eustache a parlé :
Un héros la guidait, et l'Europe a tremblé !
Les Daces abattus, fuyant devant nos armes,
Aux parents attristés ne causent plus d'alarmes :
Rien n'a pu résister et vaincre ton destin !

EUSTACHE.

Ces éloges, seigneur, me cachent un dessein
Dont j'aurais désiré plus tôt la connaissance ;
Où tendent, dites-moi, tous ces flots d'éloquence ?

GERMANICUS.

A te faire éviter, si je puis, un éclat
Que Rome et l'Empereur nomment un attentat !
Je veux à leur courroux tâcher de te soustraire ;
Je veux, enfin, te voir rentrer dans la carrière
Où par de si beaux faits ton bras s'est signalé ,
En rassurant l'Etat sur sa base ébranlé.

EUSTACHE.

Eustache est toujours prêt à servir sa patrie.

GERMANICUS.

Il faut auparavant qu'Eustache sacrifie ;
L'exiger d'un chrétien c'est demander beaucoup ;
Mais il faut à tout prix détourner l'affreux coup

Qui menace l'Empire ; et l'on doit par prudence
Encenser quelquefois ce que le peuple encense ;
La sagesse en secret se rit de tous ces dieux
Qui furent travaillés des mains de nos aïeux ;
Des honneurs qu'on leur rend la raison est blessée ;
Mais il faut ménager une foule insensée !

EUSTACHE.

Et vous voudriez donc éterniser l'erreur,
Plutôt que de déplaire au peuple, à l'Empereur ?
Pour atteindre un grand but , il faut d'autres maxi-
[mes.
Il faut se conformer à ces leçons sublimes
Que nous donna le Christ : enseignant à souffrir
Les mépris , le trépas, plutôt que de trahir
La sainte vérité qui doit sauver le monde
Enfoncé jusqu'ici dans une nuit profonde !
Quand le maître a toujours et franchement lutté,
Seigneur , trop de prudence est une lâcheté !
Ces vils tempéraments de la sagesse humaine
Ne vous feront jamais briser la lourde chaîne
Des vices, ces tyrans , redoutables fléaux
Qui lancent sur le monde un déluge de maux !
Mais il ne s'agit pas seulement de la terre,
Ni du bonheur si court d'une vie éphémère.
De plus grands intérêts occupent les chrétiens :
Ils aspirent surtout à conquérir ces biens
Que le Christ a promis à qui sera fidèle ;
Ils songent au salut de cette âme immortelle
Dont la foi nous apprend la haute dignité !

Destinée au banquet par Dieu même apprêté,
Fille de l'éternel ici-bas exilée,
Mais qui bientôt au ciel se verra rappelée,
L'âme souffre en ce monde, elle aspire sans fin,
Etincelle sacrée, à son foyer divin ;
Cherchant à s'affranchir du poids qui l'en détourne,
Ange tombé du ciel, il faut qu'elle y retourne ;
Les hommes, nés captifs, ont besoin de rançon ;
Mais le sang du Sauveur assura leur pardon ;
Un Dieu souffrant pour l'homme a rompu la barrière
Qui tenait séparé le ciel d'avec la terre ;
Il nous fraya la route au séjour du bonheur,
Et n'exigea pour prix que l'hommage du cœur ;
Mais il le veut constant, sincère et sans partage :
Avant tout, le chrétien, c'est l'homme de courage,
Et j'en saurai montrer, seigneur, quand il faudra !

GERMANICUS.

Oh ! quelque affreux malheur sans doute arrivera
Qui du peuple envers toi redoublera la rage,
Et sur ta tête enfin grossira tant l'orage,
Que malgré mes efforts je te verrai périr !

EUSTACHE.

Est-il donc si pénible après tout de mourir ?

GERMANICUS.

Sans pouvoir t'approuver, Eustache, je t'admire !
Cependant ma franchise a besoin de te dire
Qu'Adrien va bientôt reparaître en ces lieux,
Pensant que mes discours ont dessillé tes yeux.

EUSTACHE.

Qu'il sache qui je suis ; et s'il s'obstine encore
A vouloir m'imposer des honneurs que j'abhorre,
Je ne m'engage pas à respecter, demain,
Jupiter encensé de sa coupable main !

(Eustache sort.)

SCÈNE VI.

ADRIEN, GERMANICUS, PROCULUS, GARDES.

ADRIEN.

Eustache cède-t-il aux vœux de la prudence ?
A-t-on pu surmonter sa folle résistance ?

GERMANICUS.

Noble et puissant César, dans l'intérêt des dieux,
Ecartez ce triomphe illicite à ses yeux !
Il faut avant d'agir consulter la sagesse,
Hélas ! et du héros ménager la faiblesse.....
Eustache est généreux, on connaît ses vertus,
Et les plus grands honneurs à ses hauts faits sont dus.
Je sais tous les poisons que distilla l'envie
Sur les lauriers qu'il mit au front de la patrie ;
Je connais ses malheurs et les beaux sentiments
Qu'à Rome même ingrate il voua de tout temps ;
Mais il faut qu'aujourd'hui, seigneur, je vous révèle
Des chrétiens trop ardents la trame criminelle ;
Par un charme secret ils ont gagné son cœur :
Eustache trop crédule obéit à l'erreur !

ADRIEN.

J'en avais le soupçon !

PROCULUS.

                        Oui , Seigneur , il professe
Ce culte avilissant sorti de la bassesse
Et qu'un zèle insensé propage avec fureur ;
De mille affreux secrets il sait toute l'horreur ;
Il méprise nos dieux , se rit de leur puissance !
Un juif mis au gibet est le Dieu qu'il encense :
Horrible impiété qu'il inspire aux soldats ,
En invoquant le Christ au milieu des combats ,
Proclamant que lui seul peut donner la victoire
Et qu'au Dieu des chrétiens l'Empereur doit sa gloire ;
Il brave le courroux de César et des dieux ,
Jamais on ne le voit se courber devant eux ;
Il maudit Jupiter ;... et César , quoi qu'il fasse ,
N'imposera jamais silence à son audace ;
Nos temples sont déserts , l'empire est menacé
Si ce torrent infect , Seigneur , n'est repoussé
Vers le pays obscur qui lui donna naissance ;
Il faut par un grand coup abattre l'insolence
De ces hommes nouveaux , ennemis de nos dieux ;
Que le tranchant du fer les moissonne en tous lieux !
Le trône est en danger , et Rome est avilie
Si tu tardes longtemps à venger la patrie !
Il faut tailler au vif dans un corps gangrené ;
Ouvrons un large gouffre , et qu'Eustache entraîné
Tombe avec les chrétiens au fond de cet abîme ;
Oui , guerre , guerre à mort aux fauteurs de son crime ,

Apprends à l'univers par ce coup de vigueur
Que des dieux outragés César est le vengeur,
Que nul titre ne peut soustraire à la justice
Celui qui mérita de subir le supplice !

ADRIEN.

Je veux bien de nouveau descendre à le prier
De venir avec moi demain sacrifier ;
Mais s'il refuse encor, s'il me pousse à l'extrême,
S'il ne respecte pas l'autorité suprême,
Je puis bien l'y forcer.

GERMANICUS.

                    Seigneur, il vous suivra,
Mais je crains un éclat qui vous irritera,
Eustache est aux Romains connu par sa constance,
Ne pensez pas qu'il aille abjurer sa croyance :
S'il marche au Capitole, ah ! seigneur, croyez-moi.
Il n'en sera pas moins l'esclave de sa foi,
Et, bien loin d'adorer, proférant le blasphème,
Il se dira chrétien !

PROCULUS.

                    Chrétien ! peut-être même,
Livrant à Jupiter des assauts furieux,
Nous rendra-t-il témoins d'un sacrilége affreux !

ADRIEN.

Eustache commettrait un tel crime à ma face ?

PROCULUS.

On sait où des chrétiens peut se porter l'audace ;

Il faut que sur-le-champ par ton ordre enchaîné,
Aux pieds de Jupiter Eustache soit traîné.
Il faut qu'aujourd'hui même il meure ou sacrifie :
Qui méprise les dieux est traître à la patrie.

ADRIEN.

J'épuiserai d'abord les moyens les plus doux,
Je veux jusqu'à demain différer mon courroux ;
Avant d'agir enfin, je veux avoir des preuves,
Et j'aime à reculer le moment des épreuves.
Je sais bien que d'ailleurs l'envie a, de tout temps,
Contre Eustache vainqueur fait siffler ses serpents ;
Oui, je veux qu'il triomphe, et que sur son passage
Des Romains attendris il recueille l'hommage ;
Nous marcherons ensemble, et s'il refuse enfin
D'adorer Jupiter encensé par ma main,
S'il proclame sa foi, blasphème en ma présence,
Alors il sentira le poids de ma vengeance ;
Qu'on aille sur-le-champ avertir les soldats,
Et qu'on se tienne prêt à marcher sur nos pas.

— (Proculus sort.)

SCÈNE VII.

ADRIEN, GERMANICUS.

GERMANICUS.

Vous savez les égards qu'on doit à la vaillance,
Et tous les droits d'Eustache à la reconnaissance
Des Romains, qu'il sauva de ce déluge affreux
Qui, des bords de l'Ister, venait fondre sur eux ;

Mais Eustache est chrétien ; Seigneur, voilà son crime :
Vouloir s'en éclaircir, c'est lui creuser l'abîme ,
C'est payer par la mort ses illustres travaux ;
Ah! seigneur , épargnez les jours de ce héros ;
Puisqu'il n'est qu'un moyen, hâtez-vous de le prendre;
Au foyer paternel qu'il puisse enfin se rendre.
Ne lui commandez pas ce triomphe fatal
Qui ravirait à Rome un si grand général ;
Ne faites pas descendre au tombeau son vieux père.
De ses pleurs maintenant vous savez le mystère ,
Et pourquoi ce triomphe alarmait son amour ;
Voilà tout le secret des vœux que , tour à tour ,
Ils vous ont fait entendre !

ADRIEN.

Affreuse alternative !
Les dieux veulent sa mort, et mon cœur veut qu'il vive !

GERMANICUS.

Croyez-vous donc les dieux de son sang altérés ?
Quel fruit leur revient-il de ces corps déchirés ,
Qu'on immole en croyant apaiser leur colère ?
Seraient-ils donc, ces dieux, les bourreaux de la terre ?
Le sang humain doit-il cimenter leurs autels ?
Non , ne leur prêtons point les fureurs des mortels ;
Quel que soit notre culte , il plaît au Dieu suprême ;
Qu'importent les moyens quand le but est le même ?
La raison nous apprend que , sous des noms divers ,
L'homme encensa toujours le Dieu de l'univers.
Du Grec et du barbare il accepte l'offrande ;
Qu'on soit homme de bien, c'est tout ce qu'il demande.

ADRIEN.

Les chrétiens ont toujours méprisé tous les dieux.

GERMANICUS.

Ils adorent, seigneur, celui qui règne aux cieux ;
Leur tort, si c'en est un, c'est de le croire unique,
De vouloir qu'à lui seul tout notre amour s'applique,
Et de purger le ciel de ce ramas honteux
De mortels corrompus dont l'erreur fit des dieux,
Qu'au mépris du bon sens on respecte, on encense,
Et qui par leurs noms seuls font rougir l'innocence !
Je sais l'erreur du peuple, il faut le ménager ;
Approuver les chrétiens, c'est courir le danger
D'exciter la révolte au sein de votre empire ;
Il faut les tolérer, et non pas les détruire ;
Il suffit de sévir contre les plus hardis,
Ouvertement enclins à troubler les esprits.
Eustache a demandé pour lui la solitude ;
Eh bien ! soit, qu'il y vive exempt d'inquiétude,
A l'abri des lauriers conquis par sa valeur.
Ne le contraignez pas d'accepter un honneur
Dont il ne peut jouir sans blesser sa croyance,
Vous pourriez le porter à quelque violence.....
Et vous mettre, Seigneur, dans la nécessité
D'agir à son égard avec sévérité.
Vos plus chers intérêts, la voix de la patrie,
L'honneur du nom romain, l'humanité, tout crie
De respecter la foi d'un guerrier courageux
Dont l'empire a besoin dans ce siècle orageux.

ADRIEN.

Me voyant déroger à l'antique habitude,
Le peuple accuserait César d'ingratitude ;
Et si de ma conduite il savait les raisons,
Bientôt de la révolte allumant les brandons ,
Au nom de Jupiter , courant à la vengeance ,
Sois sûr qu'il me ferait payer cher ma clémence !
A mon cruel devoir je cède avec regret ;
Mais je suis empereur ; du reste, tout est prêt :
Il faut absolument qu'Eustache au Capitole
M'accompagne et me donne , avant tout , sa parole
Qu'aucun geste ni cri, proféré devant moi ,
Aux yeux du peuple entier ne trahira sa foi !
Car je veux prévenir , dans son intérêt même ,
Ce qui ressemblerait au plus léger blasphème.
Si, la main sur le cœur , il n'en fait le serment ,
J'ordonnerai soudain son juste châtiment ;
Et cela , pour semer la terreur salutaire
Qui forcera , du moins , les chrétiens à se taire.
Mais que veut Marcellus? Vieillard , retire-toi...

SCÈNE VIII.

LES MÊMES , MARCELLUS.

MARCELLUS.

Grand prince, au nom des dieux, jetez les yeux sur moi !

ADRIEN.

Non , ton fils est chrétien, rebelle à ma puissance,
Et je dois châtier sa désobéissance !

MARCELLUS.

Mon fils n'a qu'un seul tort, celui d'être chrétien.
Ne pourrai-je obtenir du grand cœur d'Adrien
De borner à l'exil la peine de son crime?
Il a droit qu'envers lui César soit magnanime.
Chrétien, qu'il soit puni ; mais vous devez juger
Quel châtiment il faut au vainqueur infliger !
Et quoi ! la mort serait l'horrible récompense
Des services nombreux qu'a rendus sa vaillance ?
Serez-vous insensible aux larmes d'un vieillard ?
J'ai peu de jours à vivre : ... ah ! j'ai vécu trop tard
Si ta mort, cher ami, doit précéder la mienne,
Si mon ombre aux enfers descend après la tienne !
Hélas ! j'avais compté, souvenir douloureux !
Que la main de mon fils me fermerait les yeux.
Si, du moins, écoutant, seigneur, votre clémence,
Vous vouliez adoucir la fatale sentence
Et reléguer Eustache en un désert lointain,
Je saurais partager son rigoureux destin ;
Je le suivrais partout, je me sens le courage
De traîner ma vieillesse au plus affreux rivage
Où nous pourrions tous deux, confondant nos soupirs,
Tâcher de vivre encor malgré nos souvenirs !

GERMANICUS.

Aux vœux de ce vieillard, seigneur, il faut souscrire!

ADRIEN.

Si je ne craignais pas pour la paix de l'empire ....
Mais non, il est trop tard ! Rome a les yeux sur moi,
Il faut qu'Eustache meure ou renonce à sa foi !

(*Ils sortent, moins Marcellus.*)

SCÈNE IX.

MARCELLUS (*seul.*)

Adieu, dernier rayon d'une vaine espérance !
Grondant de plus en plus, la tempête s'avance ;
J'allais la conjurer et gagner l'Empereur,
Soudain la politique a desséché son cœur !
Après les soixante ans que j'ai lutté contre elle,
J'ai besoin du repos de la nuit éternelle ;
Oui, c'est assez souffrir, c'est assez de tourments
De dards empoisonnés, d'affreux déchirements ;
Que te faut-il de plus, douleur ? Je te défie
D'ajouter aux horreurs de ma longue agonie.
Ton glaive ensanglanté me déchirait le sein,
Mais il fallait qu'Eustache y mît aussi la main ;
Il fallait que mon fils vînt l'enfoncer lui-même,
Et c'est lui qui devait porter le coup suprême !
Eh bien ! qu'il soit content, il me verra mourir !
Dans la nuit du tombeau je vais m'ensevelir !
Mais que dis-je ? ma mort avancerait la sienne...
Ne brisons pas le seul lien qui le retienne ;
Peut-être voudra-t-il ce qu'il a refusé,
Peut-être le péril l'aura désabusé !
Si j'avais sur son cœur un reste de puissance,
Si le doux nom de père ébranlait sa constance !
Allons, pour le sauver, tenter un autre effort ;
Quand il ne sera plus j'aurai droit à la mort.

—

ACTE TROISIÈME.

SCÈNE PREMIÈRE.

EUSTACHE (*seul*).

Et pour m'épouvanter on m'offre le martyre,
On fait briller la palme à laquelle j'aspire !
Le trépas, dit César... Mais, dans mille combats,
Je l'ai bravé pour toi, majesté d'ici-bas ;
A le braver pour Dieu crois-tu que je balance ?
Et te doit-on sur lui donner la préférence ?
Le trépas, me dis-tu ? Mais si j'en avais peur,
Je n'aurais qu'à parler, et le glaive vengeur
De mes braves soldats saurait réduire en poudre
Ce trône d'où ta voix fait descendre la foudre ;
Mais pourquoi ces pensers que mon Dieu me défend ?
Va, ne crains rien, César, et fais couler mon sang ;
Un chrétien sait mourir, mais non frapper son maître,
Et le beau nom qu'il porte exclut celui de traître,
Esclave du devoir et soumis à la loi :
C'est le code chrétien, c'est l'honneur de ma foi !
Si tu daignes, grand Dieu, soutenir mon courage,
Je saurai déjouer un calcul qui m'outrage ;
Les méchants contre moi se ligueront en vain ;
Les peuples et les rois que sont-ils sous ta main ?
Pour les anéantir tu n'aurais qu'à l'étendre...
Le globe tout entier dissous, réduit en cendre,
Tomberait, ne laissant pas même un souvenir.
Et c'est toi qu'on voudrait me forcer à trahir ?

D'abord, on n'exigeait qu'un peu de complaisance :
César se contentait de ma seule présence
En face des autels consacrés à ses dieux ;
Mais, plus tard, redoutant que, peu respectueux
Pour l'idole qui doit recevoir son hommage,
Je ne laisse échapper un geste qui l'outrage,
Il lui faut le serment que je l'adorerai,
Sinon, dans les tourments soudain j'expirerai...
Oh ! s'il savait combien toute menace est vaine
Et glisse sans effet sur une âme chrétienne,
L'arrêt qu'il doit porter il le prononcerait,
Et sa lutte, inutile avec moi, finirait.

SCÈNE II.

LE MÊME, AGAPE, THÉOPISTE.

AGAPE.

Eustache, c'en est fait, la couronne s'apprête ;
L'auréole, aujourd'hui, brillera sur ta tête,
Nous savons ton courage à rompre les filets
Tendus autour de toi, mais toujours sans succès.

THÉOPISTE.

Trop heureux de t'avoir pour modèle et pour maître ;
Nous, chrétiens comme toi, nous voulons le paraître ;
Il est beau de mourir en bravant le courroux
Des tigres qui viendront rugir autour de nous ;
Il est beau de mourir en léguant à nos frères
L'exemple du mépris des fureurs populaires !

EUSTACHE.

De cette foi si vive et de ce zèle ardent
Qui donc dans votre cœur jeta le fondement ?

Ah ! puisqu'il m'est permis de vous entendre encore,
Donnez-moi ces détails, remontez à l'aurore
De ces jours dont la fleur brille sur votre front ;
Prolongez le plaisir que vos discours me font.

AGAPE.

Par un malheur affreux privés de notre père,
Ravis bientôt après aux baisers d'une mère,
Nous fûmes orphelins dès nos plus jeunes ans,
Et ne sûmes jamais le nom de nos parents ;
Infortunés débris échappés du naufrage
Et jetés par les flots sur un sombre rivage,
Nous fûmes recueillis faibles, près d'expirer,
Et lorsqu'un loup cruel allait nous dévorer.

EUSTACHE.

Mais quel autre malheur vous ravit votre mère ?

THÉOPISTE.

Seigneur, elle expira sous la dent meurtrière
Du farouche animal qui vint nous assaillir ;
Permettez que j'éloigne un cruel souvenir !

EUSTACHE.

Plus que vous ne pensez ce récit m'intéresse.

AGAPE.

Seigneur, figurez-vous cette horrible détresse,
Une mère affrontant pour ses fils le trépas,
Nous couvrant de son corps, nous serrant dans ses bras,
Et croyant nous sauver par une prompte fuite ;
Inutile recours ! atteinte, elle est réduite

A défendre en luttant son fardeau précieux.
Longtemps elle soutint des assauts furieux,
Tant le cœur d'une mère inspire de courage !
Mais ses efforts du monstre ont redoublé la rage,
La victime chancelle et tombe, en expirant,
Sur le sable rougi de son généreux sang.
Ainsi mourut, Seigneur, la plus tendre des mères !
Ses yeux étaient au ciel, ses paroles dernières
Nommaient ses deux enfants, nommaient un cher
                                        [époux.

EUSTACHE (*à part*).

Pour mon cœur ulcéré que de sensibles coups !

(*A tous deux.*)

Et vous, qui vous tira de ce péril extrême ?

AGAPE.

Un vieillard courageux ou plutôt Dieu lui-même
Sous ses traits vénérés vint à notre secours.
Dès ce moment, pour nous coulèrent d'heureux jours ;
Le bon prêtre exilé dans cette île sauvage
Nous tint lieu de parents, soigna notre jeune âge.
Du vrai Dieu qu'il servait nous enseigna la loi,
Et nous laissant ensuite héritiers de sa foi,
Remonta vers celui dont la bonté dispense
Aux plus saintes vertus leur juste récompense ;
Mon frère cependant brûlait pour les combats :
Me rendant à ses vœux, je marchai sur ses pas ;
Le sort nous conduisit au fond de la Dacie :
Elle était en danger, ce fut notre patrie.

EUSTACHE (*à part*).

Je n'en saurais douter, mon bonheur est certain.

(*A tous deux.*)

Espérez, car peut-être un fortuné destin
Vous rendra votre père échappé du naufrage,
Il a pu, comme vous, gagner quelque rivage.
Quelle heureuse rencontre et quel bonheur pour lui
Si, retrouvant ses fils, il pouvait aujourd'hui
Les presser sur son cœur !

THÉOPISTE.

Il existe peut-être ;
Mais quel signe certain nous ferait reconnaître ?

EUSTACHE.

Celui que vous portez gravé sur votre cœur,
C'est un signe sacré, c'est la croix du Sauveur... [1].

AGAPE.

Oh ! de grâce, achevez d'éclaircir ce mystère !

EUSTACHE.

Pour comble de bonheur voici venir mon père ;
Mon cœur pour s'épancher n'attendait plus que lui.

---

[1] Les premiers fidèles employèrent effectivement ce moyen
de reconnaître eux-mêmes, ou de faire reconnaître par
d'autres chrétiens, les enfants, dont la persécution pouvait
à chaque instant les séparer.

SCÈNE III.

LES MÊMES, MARCELLUS.

MARCELLUS.

Ai-je bien entendu, me voit-on sans ennui ?

EUSTACHE.

Combien je soupirais après votre présence !

MARCELLUS.

Quel est donc le motif de cette impatience ?

EUSTACHE.

J'ai fait assez longtemps saigner votre bon cœur,
Tendre père, et je veux vous donner du bonheur !
Oh ! soyez donc heureux, heureux comme moi-même ;
Apprenez que le ciel m'a rendu ceux que j'aime :
Vous voyez mes deux fils perdus depuis vingt ans !

MARCELLUS.

Eustache, qu'as-tu dit ?

*(Eustache tend les bras à ses deux fils qui s'y préci-
pitent).*

AGAPE ET THÉOPISTE.

Mon père !

EUSTACHE.

Mes enfants !

MARCELLUS.

Un destin si prospère est-il vraiment le nôtre

(*Agape et Théopiste quittent les bras de leur père
pour se jeter dans ceux de Marcellus.*)

EUSTACHE (*pendant qu'il s'embrassent*).

A ce bienfait, mon Dieu, daignez en joindre un autre...

MARCELLUS.

Par quel bonheur soudain nous ont été rendus
Nos enfants jusqu'ici vainement attendus ?

EUSTACHE.

Nous devons leur retour au vrai Dieu que j'adore.

MARCELLUS.

Et leur mère, mon fils, respire-t-elle encore ?

EUSTACHE.

Votre fille est au ciel, mon père ; oh ! croyez-moi,
Pour la revoir un jour, embrassez notre foi.

MARCELLUS.

Pourquoi parler toujours d'un sujet qui me blesse ?
Ne fais point au bonheur succéder la tristesse ;
Ne va point raviver ma profonde douleur
En résistant encor aux vœux de l'Empereur ;

Mon fils, mes chers enfants, réglez ma destinée :
Dites-moi, sera-t-elle affreuse ou fortunée ?
Ce silence m'apprend l'horrible vérité....
Oh ! ce n'était qu'un rêve, et ma félicité
Fait place à des tourments d'une âpreté nouvelle.

EUSTACHE.

Abrégez, Dieu puissant, cette lutte cruelle.

SCÈNE IV.

LES MÊMES, ADRIEN, GARDES, SOLDATS.

ADRIEN.

Je sais votre bonheur, on m'a tout raconté...
Et je viens prendre part à la félicité
Dont les dieux malgré tout favorisent Eustache.

THÉOPISTE.

Les dieux ? C'est une erreur ; il faut que César sache
Que nous servons celui qui seul est Dieu réel,
Remplissant à lui seul et la terre et le ciel !

ADRIEN.

Ah ! vous êtes chrétiens ? Redoutez ma colère.

EUSTACHE.

Mes fils, pour avoir peur, ont une âme trop fière !

ADRIEN.

Ainsi je me serai fatigué vainement,
Sans pouvoir triompher d'un fol entêtement !
Eustache, je le vois, n'aime plus sa patrie.

EUSTACHE.

Pour elle, mille fois, je donnerais ma vie.

ADRIEN.

Obéir à ses lois, c'est aussi la servir.

EUSTACHE.

Où commence le crime, on cesse d'obéir.

MARCELLUS.

Par pitié pour un père, excusez ce délire ;
Bientôt se calmera le transport qui l'inspire.

ADRIEN.

Et vous bravez César, quand tout tremble à sa voix ?

EUSTACHE.

Nous tremblons devant Dieu, jamais devant les rois.

ADRIEN.

A vous dire chrétiens persistez-vous encore ?

EUSTACHE, AGAPE ET THÉOPISTE.

Oui, César.

ADRIEN.

Adorez les dieux que Rome adore.

EUSTACHE, AGAPE ET THÉOPISTE.

Jamais.

ADRIEN.

Soldats...

MARCELLUS.

De grâce, un moment... qu'un vieillard
Obtienne, au moins, d'un prince au cœur...

ADRIEN (*interrompant*).

Il est trop tard...

MARCELLUS.

Eustache, adieu, je fuis l'odieuse lumière...

EUSTACHE.

Arrachez de ses mains toute arme meurtrière ;
Romains, je le confie à vos soins généreux.

(*Plusieurs s'empressent à suivre Marcellus.*)

EUSTACHE (*courbant le genou, et ses deux fils l'imitant*).

Dieu puissant que j'implore, appui des malheureux,
Daigne exaucer enfin mon ardente prière ;
D'un rayon triomphant que ta grâce l'éclaire ;

Au nom de mes deux fils qui s'immolent pour toi,
Au nom de tout mon sang répandu pour la foi,
Qu'il soit aussi chrétien, il mérite de l'être,
Il est trop vertueux pour ne pas te connaître.

SCÈNE V.

LES MÊMES, PROCULUS, GERMANICUS.

PROCULUS.

César, le peuple instruit qu'Eustache et ses enfants
Tiennent contre nos dieux des discours offensants,
S'ameute et te demande, à grands cris, leur supplice.
Si tu tardes, lui-même il se fera justice.

GERMANICUS.

Eustache était trop grand, chacun de ses exploits
Pesait sur certains cœurs comme un immense poids.

PROCULUS.

De quoi vient-on parler quand les dieux sont en cause?
C'est d'eux seuls qu'il s'agit et non pas d'autre chose.

GERMANICUS.

De l'intérêt des dieux savoir couvrir le sien,
C'est pour donner le change un habile moyen.

ADRIEN,

Mais le peuple s'émeut?

GERMANICUS.

Surtout quand on l'anime.

PROCULUS.

Si mon zèle , à tes yeux , César, paraît un crime ,
Garde seul dans tes mains les rênes de l'État.

GERMANICUS.

Je soutiens qu'on pouvait éviter cet éclat.

PROCULUS.

Voici d'autres conseils... eh bien ! je me retire.

ADRIEN.

S'il ne tenait qu'à moi... mais le peuple... l'Empire...
Je porte un trop cruel mais nécessaire arrêt :
Qu'on les mène à la mort.

GERMANICUS (*à Proculus*).

Te voilà satisfait.

(*L'Empereur et Germanicus s'éloignent.*)

SCÈNE VI.

LES MÊMES, *moins* GERMANICUS *et* L'EMPEREUR.

EUSTACHE.

Je vois à l'horizon surgir une lumière ,
Elle avance et blanchit des monts la tête altière ;

La Croix embellira, Romains, vos étendards ;
On la verra briller sur le front des Césars.

PROCULUS.

Quel blasphème est sorti de ta bouche maudite ?

EUSTACHE.

Je sens que sous mes pieds le sol tremble et s'agite....
Le monde va changer, et Lazare nouveau
Sortir régénéré de la nuit du tombeau !
Je vois se dessiner l'éclatante auréole
Qui de ses feux vainqueurs ceindra le Capitole,
Et de là, projetant ses rayons bienfaiteurs,
De l'un à l'autre pôle échauffera les cœurs.
On croit dans notre sang éteindre la lumière,
On ne fait qu'agrandir l'horizon qu'elle éclaire,
Et nos persécuteurs, au lieu de triompher,
Fécondent l'avenir qu'ils voudraient étouffer.

SCÈNE VII.

PROCULUS.

Assez de ces discours; soldats, qu'on obéisse
Et que l'arrêt de mort sur-le-champ s'accomplisse.

(Les soldats emmènent les martyrs.)

PROCULUS (*seul*).

Mon crédit ébranlé se raffermit enfin...
Celui qu'un sort fatal plaça sur mon chemin,

Obstacle embarrassant qui gênait mon passage,
A l'heureux Proculus ne cause plus d'ombrage...
Mais voici l'Empereur... écoutons ses discours,
Et, sage, tenons-nous sur nos gardes toujours.

(Il se retire sur le côté de la scène de
manière à n'être point aperçu.)

SCÈNE VIII.

LE MÊME, ADRIEN, GERMANICUS.

ADRIEN.

Une force divine en ces lieux me rappelle ;
Le remords qui poursuit une âme criminelle,
Ne me laissant ailleurs ni trève ni repos,
Me pousse, malgré moi, sur les pas du héros ;
Je voudrais révoquer la fatale sentence.
Hélas, il est trop tard ! cette noble existence
A cédé sous les coups par un monstre portés,
Qui cent fois plus que lui les avait mérités.

GERMANICUS.

Ah ! puisse désormais cette leçon terrible
Vous apprendre à juger le ministre inflexible
Possesseur d'un talent qui vous perdra, César,
S'il prend dans vos conseils toujours la même part.

PROCULUS *(avançant tout à coup)*.

On cherche à profiter, seigneur, de mon absence
Pour abattre un crédit, une heureuse influence
Qui sut vous délivrer d'ennemis dangereux.

ADRIEN.

Et tu l'oses vanter, ce triomphe odieux ?

PROCULUS.

L'intérêt de l'Etat passe avant la nature
Dont il faut quelquefois étouffer le murmure.

GERMANICUS.

Non, non, César, l'Etat ne demanda jamais
Que pour le gouverner on commît des forfaits.

ADRIEN.

Mais le peuple l'exige...

GERMANICUS.

        Il ne faut pas l'entendre
Alors qu'il veut du sang : il faut toujours défendre
Les hommes quels qu'ils soient, en butte à ses
                          [fureurs [1].

ADRIEN.

Que pour porter le sceptre on souffre de douleurs !
Que de dards acérés aux plus l eaux diadèmes !

---

[1] Sur des observations de cette nature qui lui furent faites par les philosophes chrétiens Quadratus et Aristide, Adrien suspendit, quelque temps, le feu de la persécution, mais la versatilité de son caractère et de nouvelles obsessions de la part des ennemis jurés du christianisme le rejetèrent bientôt dans d'abominables cruautés. La paix ne fut vraiment rendue à l'Église que sous le règne de Constantin-le-Grand, premier empereur chrétien.

SCÈNE IX.

LES MÊMÉS, MAXIME.

PROCULUS *(apercevant Maxime).*

Ont-ils payé tous trois leurs coupables blasphèmes?

MAXIME.

Ils sont morts en héros dont l'intrépidité
En face des bourreaux n'a pas même hésité.
Au milieu des tourments on les voyait sourire,
Et rayonnant d'espoir s'animer au martyre;
Loin d'appeler sur nous quelque orage vengeur,
Ils priaient tour à tour pour Rome et l'Empereur.
Ce courage qui fait qu'on meurt et qu'on pardonne,
Comment se l'expliquer? et qui donc le leur donne?
Le fanatisme a-t-il cette sérénité?
A-t-il ces traits empreints de tant de majesté?
Le fanatisme a-t-il toujours même courage,
Même noble maintien, conforme à son langage?
Ils ont paru si grands, que le peuple, attendri,
A ses cris de fureur fait succéder un cri
Qui porte jusqu'au ciel le nom des trois victimes.
Même on dit que touchés de leurs discours sublimes,
Et loin d'être frappés d'un salutaire effroi,
Grand nombre de Romains ont embrassé leur foi.

GERMANICUS.

Je vois qu'ils ont suivi les traces du modèle,
De celui qui joignait l'amour avec le zèle.

Il fut tendre à l'excès... et ne le vit-on pas
Donner le nom d'ami même au traître Judas?
Il se montre toujours patient à l'épreuve
Des outrages cruels dont son peuple l'abreuve
Sur son aveuglement on l'entendait gémir ;
Quand sa bouche s'ouvrait c'était pour le bénir !
Il aurait pu sur eux faire éclater la foudre ;
Mais au calice amer préférant se résoudre,
Il se laissa conduire ainsi qu'un tendre agneau,
Qui sans pousser un cri tend la gorge au couteau.
Grand exemple où les siens puisent force et constance!
Je comprends que leur sang devienne une semence ,
Je comprends les moissons qui naissent sous les pas
Des martyrs conquérants qui marchent au trépas...
Moi-même je me sens sortir comme d'un rêve ,
Mes yeux longtemps fermés...

PROCULUS.

Parle , dis tout, achève.

GERMANICUS.

Apprends, fourbe cruel, que pour m'interroger,
Il te faudrait un droit, celui de me juger?

PROCULUS.

Les lois le proscrivant, votre culte est coupable.

GERMANICUS.

Un autre que je tais est seul abominable.

PROCULUS.

On connaît les horreurs de vos secrets repas.

GERMANICUS.

C'est un banquet divin que tu ne comprends pas...

PROCULUS.

C'est là que de l'empire on ourdit la ruine.

GERMANICUS.

Faut-il donc rappeler la sublime doctrine
D'un code où sont prescrits le respect pour les rois,
La charité pour tous, l'obéissance aux lois ?
D'un code où l'on apprend ce qu'on méprise à Rome,
Ce qu'on y foule aux pieds, la dignité de l'homme ?

SCÈNE X.

LES MÊMES, MARCELLUS.

MARCELLUS.

Joins cette autre victime aux martyrs mes enfants !
Oui, je viens de les voir s'élancer triomphants,
Pour aller joindre au ciel une épouse, une mère !
Je dois à leur trépas la divine lumière
Qui, dessillant mes yeux, me rend aussi chrétien.
Vivre m'est un supplice, et mourir m'est un bien.
Commande à tes bourreaux d'anéantir la trame
Qui, dans ce corps mortel, retient encor mon âme :

J'abhorre Jupiter, son culte est criminel;
Je ne crois qu'au seul Dieu tout-puissant, éternel.
César, je suis chrétien et j'ai droit au supplice :
Il faut, d'après vos lois, que Marcellus périsse.

ADRIEN.

Eh ! n'ai-je point déjà trop versé de ce sang?
Faudra-t-il qu'à jamais sous son char gémissant,
La mort toujours en vain écrase les rebelles ?
Mais non, de mes sujets ils sont les plus fidèles ;
Qu'ai-je à leur reprocher, m'ont-ils voulu trahir ?
Pour l'empire et César ils sont prêts à mourir,
Et le faible César ordonne leur supplice !
Je ne puis faire un pas que leur sang ne jaillisse ;
Le sol en est humide, et malgré mes efforts
Ils se lèvent toujours plus nombreux et plus forts.
A peine a-t-on quitté la hache meurtrière
Qui massacra les fils, qu'on voit courir le père
Pour demander la mort à la main du bourreau.

PROCULUS.

Si tu ne laissais pas reposer le couteau,
Si sans cesse il frappait les têtes criminelles.
Bientôt on ne verrait ni chrétiens ni rebelles ;
Marcellus à nos lois refuse d'obéir,
Marcellus est chrétien, il doit aussi mourir.

ADRIEN.

D'ordonner son supplice aurai-je le courage?
Mes mains me font horreur, fumantes de carnage;

Des ombres par milliers s'élancent du tombeau,
Et de mortels frissons agitent leur bourreàu...
Des vieillards, des enfants me reprochent mon crime
Et viennent m'entraîner avec eux dans l'abîme...

PROCULUS.

Tant qu'il reste un chrétien l'ouvrage est imparfait.

ADRIEN.

Eh bien ! charge mon règne encor de ce forfait.

(*Il s'éloigne précipitamment.*)

SCÈNE XI.

LES MÊMES *moins* L'EMPEREUR.

MARCELLUS (*se livrant aux soldats qui se rapprochent.*)

Je vais donc, affranchi des tourments de la vie,
M'asseoir au doux banquet où mon fils me convie !
Je vois ses bras tendus m'appeler dans les cieux ;
Hélas ! que je fus lent à me rendre à ses vœux !
La terre a disparu, j'entends la voix des anges
Qui du Dieu trois fois saint célèbrent les louanges,
Et ceignent la couronne aux martyrs triomphants ;
Je cours me réunir à mes tendres enfants.

FIN DU TROISIÈME ET DERNIER ACTE.

Poitiers.— Typographie et stéréotypie OUDIN.

LA RELIGION EN ACTION

RÉPERTOIRE DE LA JEUNESSE.

1re SÉRIE COMPRENANT :

1° **Moïse sauvé des eaux**, Drame en trois actes, in-18, broché. . . . . » 60

2° **La Fille de Jephté**, Drame en trois actes, in-18, broché. . . . . » 60

3° **Anna la Prophétesse. — Les Bergères de la Palestine au temps du Messie**, Pastorales, in-18, broché. . . . . » 60

4° **Eustache, martyr**, Tragédie en trois actes, in-18, broché. . . . . » 60

5° **Lucie, vierge et martyre**, Tragédie en trois actes, in-18, broché.
— Chants pour distribution de prix. . . » 60

6° **Clotilde ou la conversion des Francs**, Drame en trois actes, in-18, broché. . . . » 60

7° **Pélage ou la Croix affranchie**, Tragédie en cinq actes, in-18, broché. . . . . . . » 80

8° **Ingelburge ou l'Épouse chrétienne**, Drame en trois actes, in-18, broché.
— La Fête d'une mère, Proverbe. . . . » 60

LA RELIGION EN ACTION

RÉPERTOIRE DE LA JEUNESSE.

2e SÉRIE COMPRENANT :

1° **La bonne Demoiselle ou le Voyage en Terre-Sainte**, Comédie Vaudeville, en trois actes, in-18, broché.

— **Chants** pour la fête de la sainte enfance. . . » 80

2° **Magdaléna ou la petite Fille corrigée**, Comédie-Vaudeville, en quatre actes, in-18, broché. . . . . » 80

3° **La vraie Religion**, poëme en quatre chants. — **Sacre de Mgr Antoine-Charles Cousseau**, évêque d'Angoulême, stances, in-18, broché. . . . . » 60

4° **Le Double Sacrifice ou la vertu récompensée**, Comédie-Vaudeville, en trois actes, in-18, broché. . . . . » 80

5° **Azémia ou la Charité Chrétienne**, Comédie-Vaudeville, en trois actes, in-18, broché. . . . . » 80

6° **La Réparation ou la Rencontre providentielle**, Comédie-Vaudeville, en trois actes, in-18, broché. . . . . » 60

7° **Alséna ou la prise de Jéricho**, Drame héroï-comique, en trois actes et en prose, mêlé de chants, in-18, broché. . . . . . . » 60

8° **Poésies diverses**, in-18, broché. . . . » 60

Poitiers. — Typographie et stéréotypie OUDIN.

www.ingramcontent.com/pod-product-compliance
Lightning Source LLC
Chambersburg PA
CBHW051144050726
47594CB00003B/1232